천재교육

글 **권용찬**

동화, 칼럼, 만화 시나리오 등 여러 분야에서 활동하며 환상적이면서도 감동이 있는 글을 쓰고 있습니다.
주요 작품으로는 장편 소설 《설이움》, 동화 《두두리의 모험》 등이 있으며, 《만화 통째로 한국사》, 《만화 인물 평전》,
《Why? People》, 《Who?》, 《드래곤 빌리지》 시리즈를 비롯, 여러 학습 만화의 집필에 참여했습니다.

만화 **윤현우**

1998년 소년 잡지 [찬스]의 신인 만화 공모전에 당선해 만화 작가로 데뷔했습니다. 대표작으로는 《브리스톨 탐험대》,
《최고다! 호기심 딱지》, 《손흥민 꿈을 향해 달려라》, 《버섯도리 버섯벤저스》 등이 있고, 《Why? 세계사》,
《Why? 인문사회과학》, 《퀴즈! 과학상식》, 《안녕 자두야 심장이 벌렁벌렁 자두의 세계 여행》 시리즈 등이 있습니다.

학습·감수 **김현숙**

고려대학교 역사 교육과를 졸업하고 현재 덕수중학교에서 근무하고 있습니다.
현장에서 역사를 가르치는 선생님의 학습 모임인 「역사사랑」에서 활동하고 있습니다.
함께 지은 책으로 《생각하는 세계사》 서양 고대 편과 서양 중세 편이 있습니다.

LIVE 세계사 ⑮ 미국 2

발행 | 2023년 3월 24일 초판 **인쇄** | 2023년 3월 20일 1쇄
발행처 | (주)천재교육
글 | 권용찬 **만화** | 윤현우 **삽화** | 김석 **학습·감수** | 김현숙
편집 | 천재교육 만화사업팀 **북디자인** | Design Plus
사진 제공 | 셔터스톡, 위키피디아, 천재포토
신고번호 | 제2001-000018호(1980.5.28)
팩스 | 02-3282-1717
고객만족센터 | 1577-0902
주소 | 08513 서울특별시 금천구 가산로9길 54
홈페이지 | www.chunjae.co.kr

ISBN 979-11-259-7050-7 74900
ISBN 979-11-259-7034-7 74900 (세트)

인물로 보는 세계 역사

LIVE 세계사

16 미국 2

현대 사회를 이끄는
미국의 역사를 살펴보아요.

메이저 리그, 디즈니랜드, 할리우드 영화라는 말을 들으면 어떤 나라가 떠오르나요? 미국은 《LIVE 세계사 미국 1》 편에서 살펴본 것처럼 넓은 영토를 가진 나라, 다양한 인종과 민족이 어우러져 사는 나라예요. 그리고 전 세계에서 정치, 경제, 군사적으로 큰 영향력을 가진 나라 중 하나지요. 앞서 말한 메이저 리그, 디즈니랜드, 할리우드 영화도 미국을 대표하는 것으로, 미국은 문화 강국이기도 해요.

미국은 두 차례의 세계 대전을 겪으며 크게 성장했어요. 특히 제2차 세계 대전 이후에는 자본주의 진영을 이끌며 소련을 필두로 한 공산주의 진영과 대립했어요. 이를 냉전 체제라고 불러요. 냉전 체제에서 미국과 소련은 더 많은 핵무기를 만들고, 우주선을 쏘아 올리면서 서로 우월하다는 것을 보여 주려 했어요.

한편 미국 안에서는 마틴 루서 킹 목사를 중심으로 흑인 차별 반대 운동이 펼쳐지기도 했어요. 남북 전쟁으로 흑인 노예가 해방되었지만, 여전히 흑인에 대한 차별이 남아 있었거든요. 마틴 루서 킹 목사는 흑인 차별 반대 운동을 이끈 공을 인정받아 노벨 평화상을 수상했어요. 이렇듯 현대사에 큰 영향을 준 미국의 역사에 대해 살펴볼까요?

김현숙
서울 덕수중학교 교사

나비 효과! 연약한 나비의 날갯짓 하나가 지구 반대편에 있는 나라에 큰 태풍을 만들어 낼 수 있다는 뜻이에요. 지구촌에 사는 우리 모두가 밀접하게 서로 영향을 주고받는다는 것을 보여 주는 말이지요. 《LIVE 세계사》는 세계인과 친구가 되고 함께 살아갈 여러분에게, 흥미 있는 세계사를 보여 줄 것입니다.

김태규
서울 장충고등학교 교사

《LIVE 세계사》는 세계 여러 나라의 역사를 중요 인물과 사건을 통해 살펴보고, 이와 관련된 주변 나라의 역사와 나아가 세계 역사 흐름을 살펴보려는 책입니다. 인물과 사건, 그리고 유적과 유물을 통해 세계는 연결되어 있고, 과거와 현재가 연결되어 있음을 알 수 있습니다.

왕홍식
서울 보성중학교 교사

여러분이 친구들과 많은 것을 함께 나누는 것처럼 세계 여러 나라 사람들도 이웃 나라, 심지어 지구 반대편 먼 나라 사람들과 만나 많은 것을 주고받았어요. 그 결과물이 세계사이지요. 《LIVE 세계사》는 곳곳에 우리나라 이야기도 들어 있어 편하게 만날 수 있을 거예요.

이강무
서울 인창중학교 교사

《LIVE 세계사》는 어린이 혼자 읽으면서도 쏙쏙 이해되는 세계사 책이에요. 역사적 인물을 통해 각 나라의 역사를 살펴보며 '세계사 공부가 이렇게 쉽고 재미난 것이구나!' 할 거예요. 세계 시민으로 살아가는 어린이들에게 더 넓은 세상으로 나아가는 길을 열어 줄 것입니다.

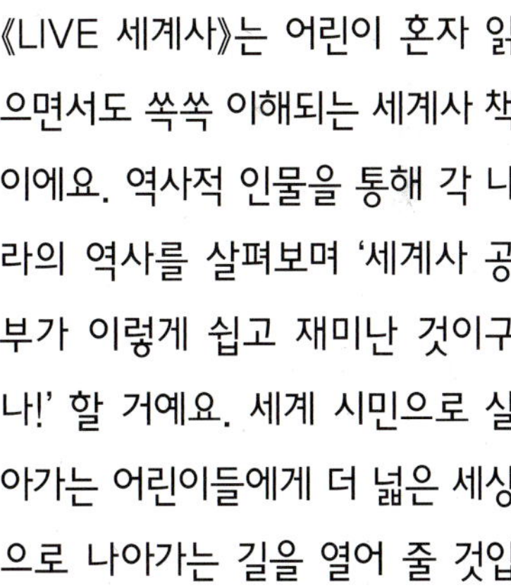

황은희
서울 월천초등학교 교사

이 책의 특징

1
여행 지도

해당 나라의 지도와
함께 수도, 언어, 기후,
국기 등 기본 정보를
알아봅니다.

2
만화와 정보 박스

세계 역사 속 주요 인물을
재밌는 스토리와 함께
만화로 만나 봅니다.
정보 박스를 통해
놓치기 쉬운 학습 정보를
보충합니다.

3
세계사 들여다보기
세계사 넓게 보기
세계사 깊게 보기

해당 나라에 관련된
정보를 읽고,
그 시기에 주변 나라와
우리나라는 어떤 일이
있었는지 살펴봅니다.

프랭클린 D. 루스벨트 (1882년~1945년)

루스벨트는 1933년 미국의 제32대 대통령이 된 후
네 번이나 대통령이 되었어요. 그가 대통령이 되기 전인
1929년 미국에서는 세계적인 경제 위기인 대공황이
시작되었어요. 루스벨트는 대통령이 된 후 대공황을 극복하기
위해 여러 가지 정책을 시행했어요. 대규모 사업을 일으켜
실업자에게 일자리를 주고, 공업 생산량을 조정하기도 했어요.
또 노동자가 노조를 만들 수 있는 권리를 보장했으며,
사회 보장 제도도 만들었어요. 이를 뉴딜 정책이라 불러요.
미국은 이런 정책 덕분에 대공황을 극복할 수 있었어요.

의 병을 맡아서 치료하는 의사.
의 행정을 맡아 총괄하는 우두머리.

다보기·미국 1

2차 세계 대전 속 미국

제2차 세계 대전 당시 미국은 처음부터 전쟁에 직접 나서진 않았어요. 대신 영국을 비롯한
연합국에 전쟁 물자를 제공했지요. 하지만 1941년 12월, 일본이 하와이 진주만의 미군
기지를 공격했고, 이에 미국도 전쟁에 나섰어요. 미국은 미드웨이 해전에서 승리를 거두며
일본을 압박했어요. 한편 유럽에서는 전쟁을 일으킨 이탈리아와 독일이 연합국의 공격을 받아
항복했고, 마지막까지 저항하던 일본은 1945년 8월, 히로시마와 나가사키에 원자 폭탄을 맞은
후 항복했어요. 이로써 제2차 세계 대전은 끝이 났고 미국은 승전국이 되었어요.

히로시마, 나가사키 원폭 투하
1945년

4 놀이 퀴즈

미로 찾기, 가로세로
낱말 퀴즈, 사다리 타기 등
재밌는 퍼즐을 이용해
학습한 내용을
확인해 봅니다.

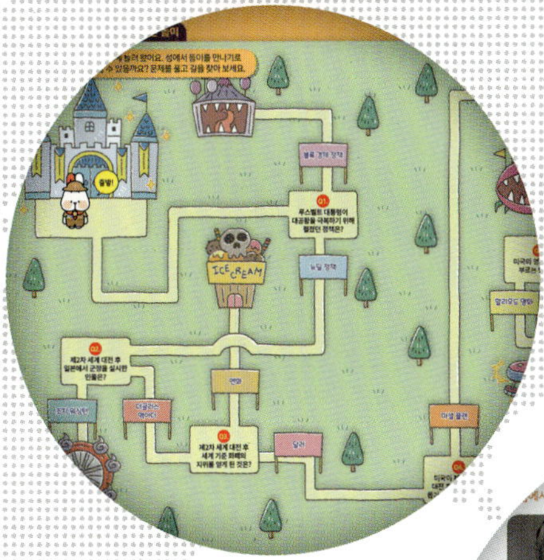

5 문제 퀴즈

세계사와 관련된 다양한
유형의 문제를 풀면서
학습한 내용을 점검하고
교과를 비롯한 여러 가지
시험에 대비합니다.

6 연표

인물과 사건을 중심으로
역사의 흐름을 이해하고
같은 시기에 우리나라와
다른 나라에서 일어난
사건과 비교해 봅니다.

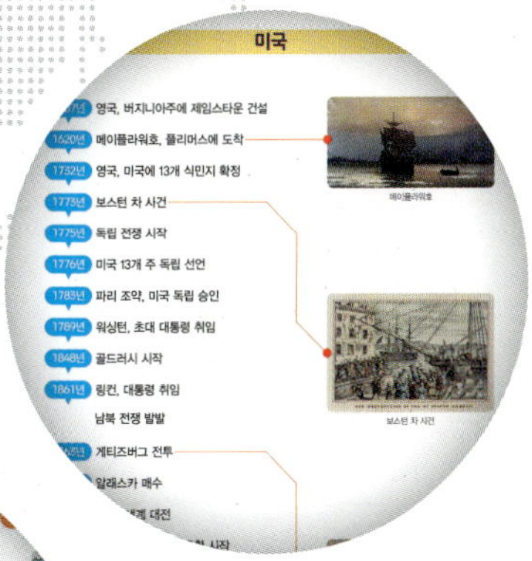

수도

미국의 공식 이름은 아메리카 합중국이에요.
수도인 워싱턴 D.C.는 미국 동부에 있는 도시예요.
여기에는 세계 주요 기관들이 모여 있어요.

언어

영어는 세계에서 가장 많이 사용하는 언어예요. 국제적인 의사소통
수단으로 사용하기 때문에 다른 언어를 모국어로 사용하는
나라에서도 제2 언어로 사용하고 있어요.

지리

북아메리카 대륙에 위치한 미국은 캐나다와 멕시코
사이에 있어요. 알래스카와 하와이 등을 포함해
50개 주로 행정 구역이 나뉘어 있어요.

기후

미국은 동쪽으로는 대서양, 서쪽으로는 태평양과 만나는
큰 나라예요. 그래서 내륙의 사막 기후부터 지중해성 기후,
온대 기후, 냉대 기후 등 다양한 기후를 볼 수 있어요.

화폐

미국은 US 달러($)를 사용해요.
국제 금융 거래의 기본이 되는 화폐예요. 이를 기축 통화라고 해요.

인종과 종교

미국에는 백인, 히스패닉, 흑인, 북아메리카/알래스카 원주민,
아시아인, 하와이 및 태평양 원주민 등 다양한 인종이 살고 있어요.
그만큼 기독교, 유대교, 이슬람교, 불교, 힌두교 등 종교도 다양해요.

세계 유산

미국 주거 양식인 프레리 양식을 이끈 건축가로 유명한
프랭크 로이드 라이트의 건축물을 포함한 11개의 문화유산과
12개의 자연 유산, 1개의 복합 유산이 있어요.

국기
붉은색과 흰색의 줄은
미국 독립 당시의 13개 주(州)를 의미하고,
50개의 별은 미국을 구성하는
주(州)를 의미해요.
ROUTE 66
뉴욕
워싱턴 D.C.
대서양
휴스턴
알래스카
하와이

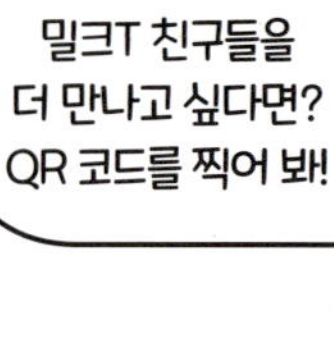

그루

이상한 나라의 요리사.
남을 잘 보살피지만
음식 앞에서는 약해져요.

솔이

이상한 나라의 음악가.
악기를 잘 다루고
감수성이 섬세해요.

토리

수줍음이 많지만,
친구들과 함께라면
무엇이든 할 수 있어요.

하트 공주

이상한 나라
하트 여왕의 외동딸.
자기만의 왕국을
세우려고 해요.

가로

하트 공주의 부하.
충성심으로 가득하지만
엉뚱한 행동으로 일을
그르치기도 해요.

세로

하트 공주의 부하.
공주의 말이라면 무조건
따르며, 눈치가 빨라
행동도 빨라요.

프랭클린 D. 루스벨트

대공황으로 어려움에 처한
미국의 경제가 회복하도록
힘썼어요.

더글러스 맥아더

제1, 2차 세계 대전에서
크게 활약한 군인이에요.

해리 S. 트루먼

공산주의 세력이 늘어나는 걸
막으려 '트루먼 독트린'을
발표했어요.

마틴 루서 킹

흑인 차별에 대항해
인권 운동을 펼쳤고,
노벨 평화상을 받았어요.

월트 디즈니

미키 마우스와 도널드 덕 등의
캐릭터를 만들었고,
애니메이션 영화를 제작했어요.

차례

이상한 나라 안내서
여기는 이상한 나라.
세상의 지식과 상상이 모여 만들어진 마법의 나라예요.
하트성
레스토랑
도서관
정원
음악관
인간, 동물, 요정, 마법사, 책 속의 인물 등 다양한 이들이 살고 있지요.

이상한 나라에서 가장 중요한 곳은 도서관이에요. 인간 세계와의 균형을 보여 주는 절대시계가 있거든요. 인간 세계가 흔들리면 여기도 무사하지 못해요.
도서관에 인간 세계로 넘어가는 시간의 문이 있다는 건 안 비밀!
껄껄
이상한 나라는 항상 평화로워요.
가끔 하트성에 사는 공주가 말썽을 일으킬 때 빼고는요.
엄마, 미워!
너 사춘기니?
오늘은 어떤 하루가 시작될까요?
덜덜덜

*단서를 찾아라!

*단서 어떤 문제를 해결하는 방향으로 이끌어 가는 일의 첫 부분.
*설마 그럴 리는 없겠지만.

***원본** 베끼거나 고친 것에 대하여 근본이 되는 서류나 문건.
***통로** 통하여 다니는 길.

*부하 직책상 자기보다 더 낮은 자리에 있는 사람.

갑니다, 가요!
공주님이 찾는 사람을 적어 두고 *도움이 되려고 했는데…!

파   앗

휘리릭

경제·군사 정치·예술
척

응? 이게 뭐지?
뭔가 적혀 있네?
시간의 문 안에 있는 걸 보니 하트 공주 일행이 흘린 거 아닐까?

대공황을 *극복한 루스벨트

*극복하다 악조건이나 고생 따위를 이겨 내고 본디의 형편으로 돌아감.

의사가 아니라 환자.
환자요?
?
?

이곳에서 기다릴 거야.
그러니까 누굴요?

변장도 해야겠군.
누굴 노리시는 건데요?

누구겠어? 바로 이 사람이지!
척
이 사람은…!
역시 공주님은 계획이 다 있구나.
ABCDE FGHIJK

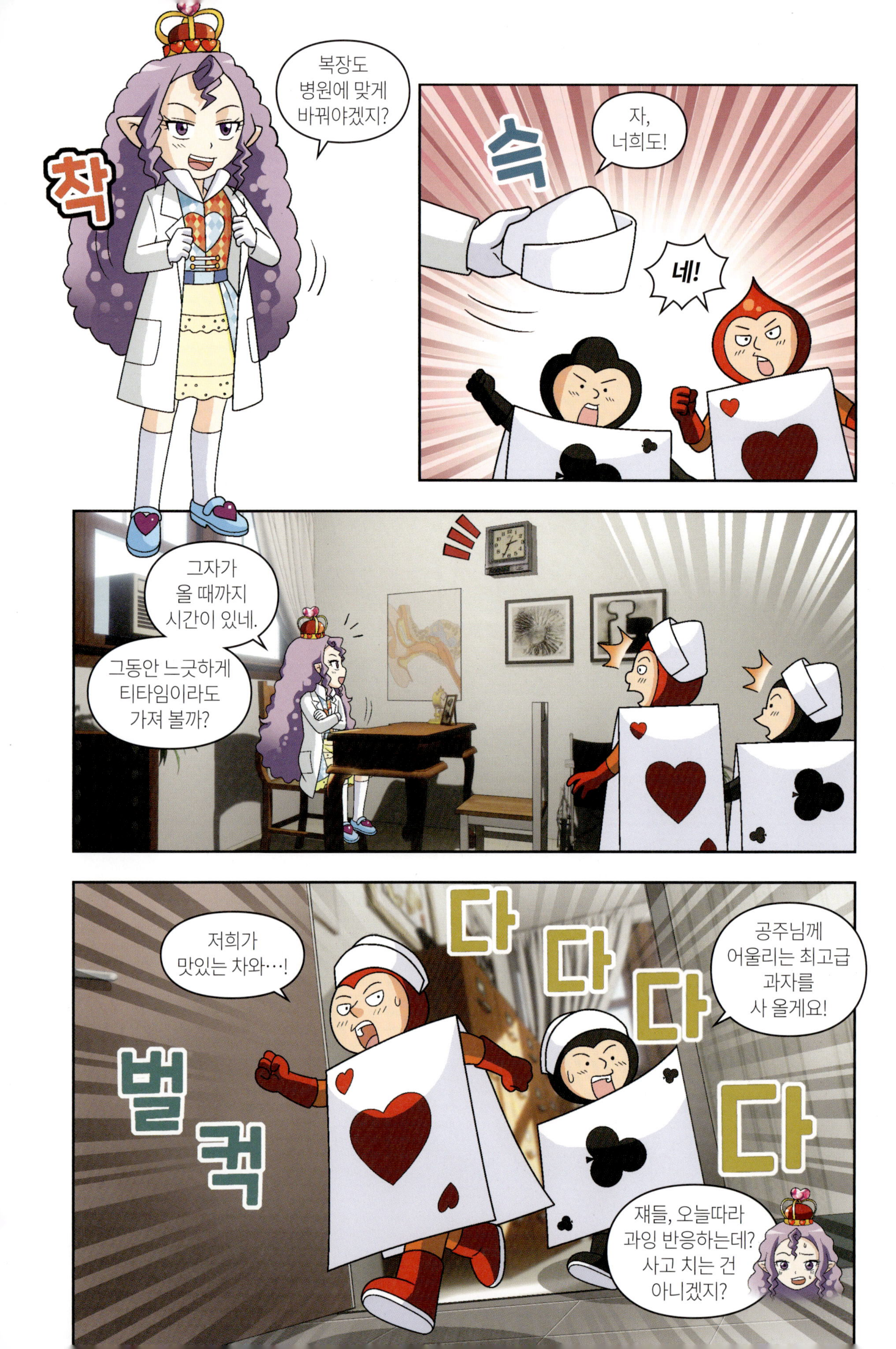

착
복장도 병원에 맞게 바꿔야겠지?
자, 너희도!
슥
네!
그자가 올 때까지 시간이 있네.
그동안 느긋하게 티타임이라도 가져 볼까?
다 다 다
저희가 맛있는 차와…!
공주님께 어울리는 최고급 과자를 사 올게요!
벌 컥
다
재들, 오늘따라 과잉 반응하는데? 사고 치는 건 아니겠지?

***흔적** 어떤 현상이나 실체가 지나간 뒤 남은 자취.
***일행** 함께 길을 가는 사람.

1930년대 뉴욕이야!
건물 좀 봐!

***구체적** 실제적이고 세밀한 부분까지 담고 있는 것.

엠파이어 스테이트 빌딩은 나중에 생긴 *안테나 탑까지 합하면 높이 443.2미터의 건물이야.

한동안 세계에서 가장 높은 건물이었지.

***안테나** 공중에 세워서 다른 곳에 전파를 보내거나 받는 장치.
***완공** 공사를 완성함.

***일자리** 생계를 꾸려 나갈 수 있는 수단으로서의 직업.
***보장하다** 어떤 일이 어려움 없이 이루어지도록 조건을 마련해 보증하거나 보호함.

*급식소 식사를 공급하는 장소.
*파산하다 재산을 모두 잃고 망함.

세계 경제를 좌우하던 미국이 휘청거리자 다른 나라도 큰 타격을 받았어.
제1차 세계 대전이 끝난 지 얼마나 됐다고. 실업률이 무려 70퍼센트야!
우린 전쟁 배상금도 갚아야 하는데 경제 위기라니.

일자리를 보장하라!
가족이 굶고 있다 일하고 싶
우리 아빠에게 일자리를 주세요!

애들까지 시위에 나설 정도구나.

이런 시기에 하트 공주는 누구를 찾으려는 걸까?
아, 혹시!

아까 주운 쪽지에 '경제'라고 써 있어.
이 시대의 경제 전문가를 납치할 계획이 아닐까?
경제·군사 정치·예술

***가격** 물건이 지니고 있는 가치를 돈으로 나타낸 것.
***물가** 물건의 값. 여러 가지 상품이나 서비스의 가치를 종합적이고 평균적으로 본 개념.

*간호사 의사의 진료를 돕고
환자를 돌보는 사람.

***의사** 일정한 자격을 가지고 병을 고치는 직업을 가진 사람.
***소아마비** 어린이에게 많이 일어나는 운동 기능이 마비되는 병.

프랭클린 D. 루스벨트 (1882년~1945년)

루스벨트는 1933년 미국의 제32대 대통령이 된 후
네 번이나 대통령이 되었어요. 그가 대통령이 되기 전인
1929년 미국에서는 세계적인 경제 위기인 대공황이
시작되었어요. 루스벨트는 대통령이 된 후 대공황을 극복하기
위해 여러 가지 정책을 시행했어요. 대규모 사업을 일으켜
실업자에게 일자리를 주고, 공업 생산량을 조정하기도 했어요.
또 노동자가 노조를 만들 수 있는 권리를 보장했으며,
사회 보장 제도도 만들었어요. 이를 뉴딜 정책이라 불러요.
미국은 이런 정책 덕분에 대공황을 극복할 수 있었어요.

***주치의** 어떤 사람의 병을 맡아서 치료하는 의사.
***주지사** 연방 국가에서 주(州)의 행정을 맡아 총괄하는 우두머리.

***재앙** 뜻하지 않게 생긴 불행한 사고.

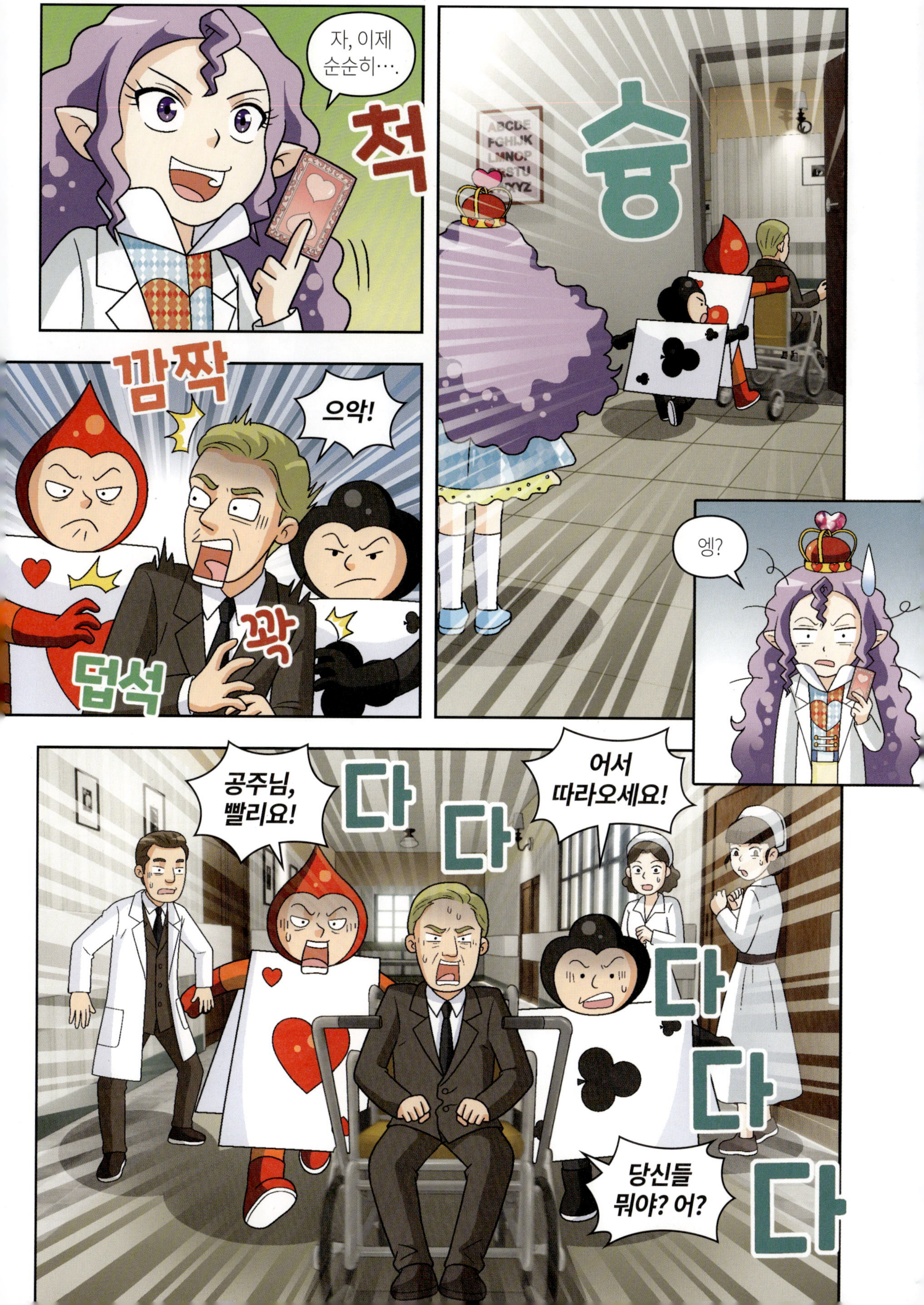

자, 이제 순순히….
척

슝
엥?

깜짝
으악!
덥석
꽉

공주님, 빨리요!
어서 따라오세요!
다
다
다
다
다
당신들 뭐야? 어?

에잇! 조용히 좀 해!
잠깐 자고 일어나면 다른 곳에 있을 거라고.
빡

꼬록
루스벨트는 곧 대통령에 당선될 거니까,
지금이 기회지~!

공주님, 저희 어디로 가요?
이제부턴 아무도 없는 곳에서 마법을 쓰실 거라고 하셨죠?

어라? 공주님?
왜 안 따라오시지?
휑~

앗! 아까 진료실이 바로 아무도 없는 데였잖아!
으악! 어떡해?
공주님 화나셨겠는데?
히이익

*기절하다 두려움, 놀람, 충격 따위로 한동안 정신을 잃음.

*대책 어떤 일에 대하여 알맞은 조치를 취할 계획이나 수단.
*기업인 기업에 자본을 대고 기업의 경영을 담당하는 사람.

***매장량** 지하자원 따위가 땅속에 묻혀 있는 분량.
***통화** 유통 수단이나 지불 수단으로서 기능하는 화폐.

크고 작은 문제는 있었지만 뉴딜 정책 덕분에 위기에 빠진 미국 경제가 조금이나마 회복된 건 사실이야.
경제 전문가로 데려갈 만해.
쿨
끄덕

하트 공주가 루스벨트를 데려가면 미국은 경제 위기를 극복하기 힘들 거야.

무슨 좋은 방법 없을까?
하트 공주를 막아야 해.

콰앙
깜짝

*감히 말이나 행동이 주제넘게.
*빼돌리다 사람 또는 물건을 슬쩍 빼내어 다른 곳으로 보내거나 남이 모르는 곳에 감추어 둠.

보고만 있으면 어떡해! 당장 쫓아!
예, 공주님!
거기 서!
으아~!
이러다 따라잡히겠어!
후 다 다 닥
일자리를 달라!
정부는 국민의 *생계를 책임져라!
국가는 일자리를 보장하라!
앗! 시위대로 앞이 막혔어!
일자리 보장하라! 생계를

*생계(42쪽) 살림을 살아 나갈 방도.

저 사람이 일자리를 준대요!
뭐?

뭐라는 거야. 어쨌든 이번엔 꼭…
뭐?
일자리?
웅성
웅성 웅성

너희… 뭐, 뭐야?
번
뚝

와
헉!
와아
두 두 두 두

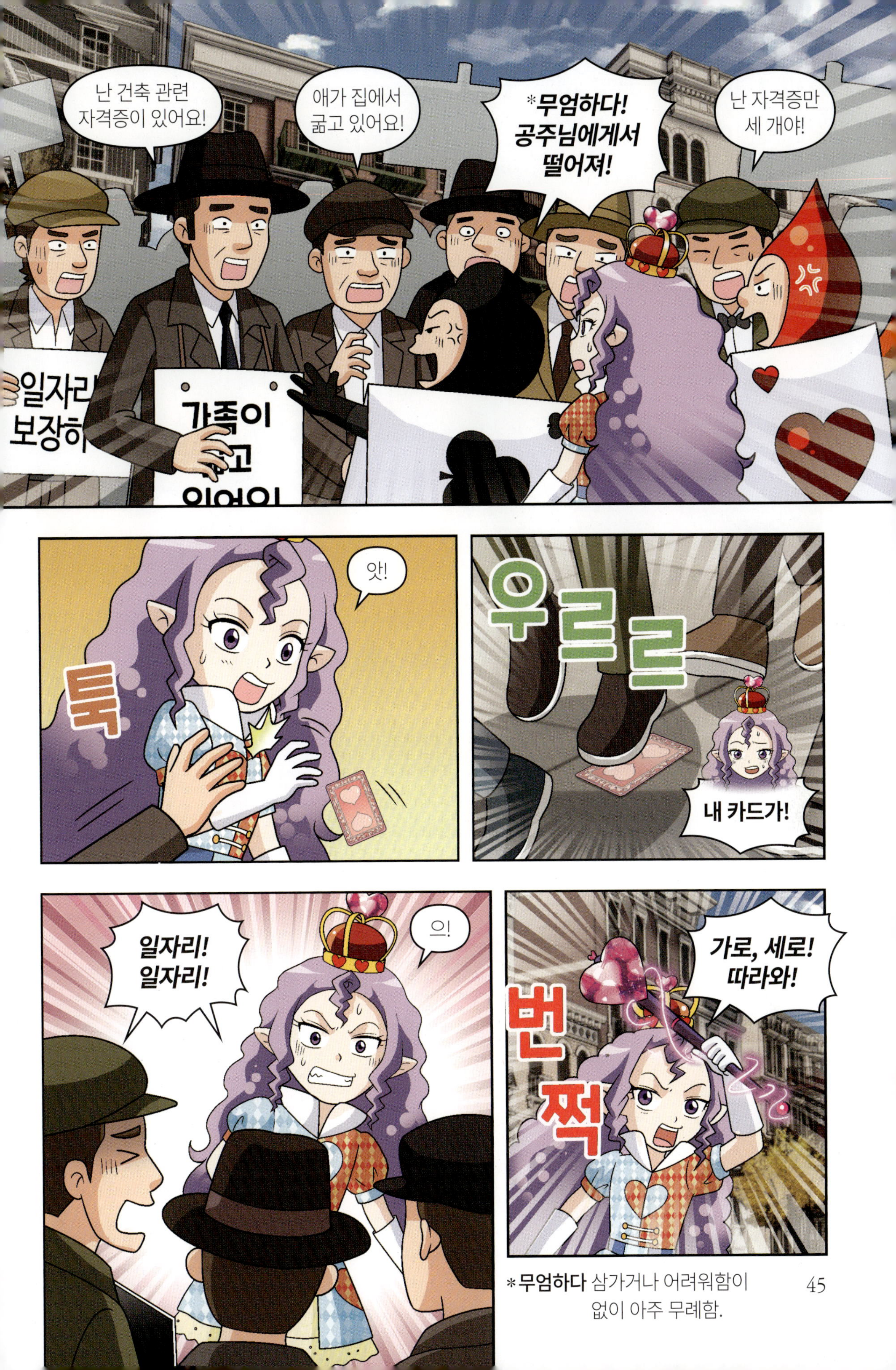

*무엄하다 삼가거나 어려워함이 없이 아주 무례함.

***포기하다** 하려던 일을 도중에 그만두어 버림.
***소동** 사람들이 놀라거나 흥분하여 시끄럽게 법석거리고 떠들어 대는 일.

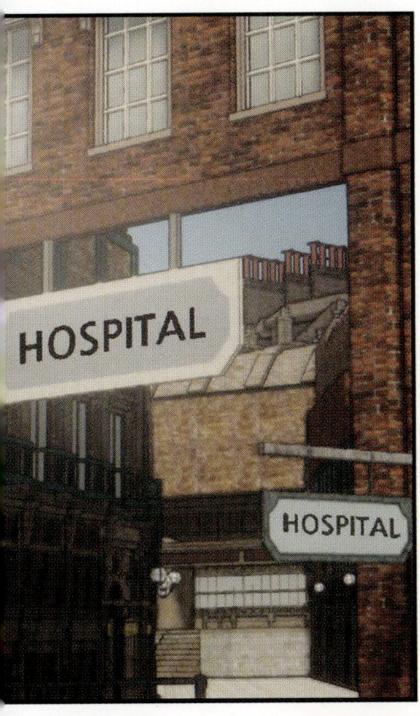

***단잠** 아주 달게 곤히 자는 잠.
***개운하다** 기분이나 몸이 상쾌하고 가뜬함.

세계 경제 위기, 대공황

1929년 10월 24일, 미국 뉴욕에 있는 증권 거래소에서 주식이 폭락했어요. 그러자 이를 버티지
못한 회사들이 하나둘 문을 닫았고, 회사에 돈을 빌려준 은행도 덩달아 살아남지 못했어요.
거리에는 일자리를 잃은 사람들이 넘쳐 났고, 사람들의 소비가 줄어 더 많은 회사가 문을
닫으면서 상황은 매우 나빠졌어요. 미국의 공업 생산과 국민 소득은 반으로 줄어들었어요.
이를 대공황이라 불러요. 미국에서 시작된 대공황은 1930년대까지 전 세계에 영향을 끼쳤어요.
당시 미국이 세계 경제를 주도하고 있었기 때문이에요.

위기를 극복한 뉴딜 정책

미국이 대공황을 극복할 수 있던 건 루스벨트가 추진한 정책인 '뉴딜' 덕분이에요. 이전과 달리 국가가 경제 활동에 적극적인 역할을 한 것이지요. 대공황이 일어난 이유 중 하나가 지나치게 많은 물건을 생산했기 때문이라고 생각해 공업 생산량을 줄이는 정책을 펼쳤어요. 그리고 실업자를 줄이기 위해 국가가 나서서 테네시강 유역 댐 건설을 하는 등 일자리를 만들었어요. 일자리를 구해 돈을 번 사람들이 물건을 사면서 경제도 서서히 살아나게 되었어요. 그뿐만 아니라 노동자의 권리를 인정하고, 최소한의 인간적 환경에서 생활할 수 있도록 사회 보장 제도를 만들었어요.

프랭클린 D. 루스벨트
제32대 미국 대통령

세계의 대공황 극복 노력

식민지를 많이 가지고 있던 영국과 프랑스는 블록 경제를 추진했어요. 본국과 식민지를 하나의 경제 공동체로 묶어 본국에서 많이 생산한 물건을 식민지에 내다 팔고, 다른 지역과는 교류하지 않으면서 대공황을 극복하려던 거예요. 하지만 제1차 세계 대전에서 진 독일은 많은 식민지를 잃은 데다가 막대한 전쟁 배상금을 내야 했기 때문에 상황이 좋지 않았어요. 히틀러의 나치스가 독재 정권을 세우고, 다시 군사력을 키워 다른 나라를 침략하면서 대공황을 해결하려 했어요.

퀴즈 영국과 프랑스의 대공황 극복 노력으로 본국과 식민지를 하나의 경제 공동체로 묶은 것은?
① 암호 화폐 ② 블록 경제

대공황 때의 우리나라

대공황이 한창이던 1930년대, 우리나라는 일본의 식민 지배를 받고 있었어요. 그런데 일본은
전쟁을 통해 대공황을 극복하려는 군국주의 방식을 채택했어요. 1931년에 만주 사변을
일으켰고, 1937년에는 중일 전쟁을 벌였지요. 우리나라 사람들은 일본이 벌인 침략 전쟁에
동원되었어요. 일본은 우리나라 사람들을 전쟁으로 내몰기 위해 이름을 일본식으로 바꾸게 하고
한국어 사용을 금지하는 등 민족 말살 통치를 했어요.

*강대국이 된 미국

*강대국 병력이 강하고 영토가 넓어 힘이 센 나라.

바다잖아?
여객선이 엄청 크네?
뿡
탁

아니야. 여긴 군함이야.
뭐? 군함?
해군이 사용하는 전쟁용 배를 말하는 거야?

두
통
정말이네! 저 큰 대포 좀 봐!
군함에서 사용하는 대포는 함포라고 해.

그럼 하트 공주가 노리는 사람은 군인이겠구나.

어서 공주부터 찾자!
잠깐!

우리도 군복을 입으면 하트 공주가 쉽게 알아차리지 못할 거야.
그게 좋겠다!

세탁실

군복을 입고 군인들 틈에 섞여 있으면 눈에 안 띌 거야.
그런데 빨래 냄새가 아주 고약하네.
꾸리 꾸리
뒤적 뒤적
으엑~!

*어이 조금 떨어져 있는 사람을 부를 때 하는 말.

*서명 자기의 이름을 써 넣는 것.

일본이 항복했다는 건 무슨 말이야?
지금은 태평양 전쟁 직후의 일본인 것 같아.
끄덕
1939년 나치 독일이 폴란드를 침략하면서 제2차 세계 대전 시작.
제2차 세계 대전
(1939년~1945년)
태평양 전쟁
(1941년~1945년)
제2차 세계 대전은 크게 유럽과 아시아, 두 군데에서 이루어졌어.
그중 일본에 의해 동남아시아와 태평양에서 벌어진 전쟁을 태평양 전쟁이라고 해.
일본이 왜 미국 땅인 하와이를 공격한 거야?

태평양 전쟁?
1941년 일본이 하와이 진주만에 주둔 중인 미 해군 태평양 함대를 기습 공격하면서 태평양 전쟁 시작.

58

***물자** 어떤 활동에 필요한 여러 가지 물건이나 재료.
***선전 포고** 한 나라가 다른 나라에 대해 전쟁을 시작한다고 공식적으로 알리는 일.

*분노 분개하여 몹시 성을 냄.
*개입하다 자신과 직접적인 관계가 없는 일에 끼어듦.

***갑판** 군함과 같은 큰 배 위에 나무나 철판으로 깔아 놓은 넓고 평평한 바닥.

*확인하다 틀림없이 그러한가를 알아보거나 인정함.

더글러스 맥아더 (1880년~1964년)

맥아더는 제1차 세계 대전과 제2차 세계
대전에서 *활약한 미국 군인이에요.
우리나라에서는 6.25 전쟁에서 인천 상륙
작전을 성공시킨 사람으로 널리 알려져
있어요. 맥아더는 제1차 세계 대전 당시
프랑스에서 전쟁에 참여했으며, 제2차 세계
대전에서는 태평양 일대에서 일본군에
맞서 싸웠어요. 1945년, 일본이 제2차 세계
대전에서 항복한 뒤에는 일왕을 대신해
약 1년간 *군정을 실시하기도 했어요.

***활약하다** 활발히 활동함.
***군정** 군부가 국가의 실권을 장악하고 행하는 정치.

***자주권** 국가가 국내 문제나 대외 문제를 자기 뜻대로 자유롭게 결정할 수 있는 권리.
***사령부** 사단급 이상의 부대에서 소속 부대를 지휘, 통솔하는 일을 맡아보는 본부.

찰칵
찰칵
찰칵

씨익
쯧

두
둥
막아야 해!
어라?
설마 하트 공주?

자, 하나, 둘…
비켜 주세요!

셋!
찰칵

화악
으악!

어라?
슈우욱
툭

*눈치채다 여러 가지 정황으로 미루어 어떤 일의 낌새나 남의 마음을 알아냄.

큭큭!
이 틈에
도망쳐야지.
꾹
펑

이러다
놓치겠어!
허우적

사령관은
무사하셔?
갑자기
사라지셨어!
움찔

너희,
사령관에게 무슨
짓을 한 거냐!
처억

*인질 약속 이행의 담보로 잡아 두는 사람.
*일촉즉발(69쪽) 한 번 건드리기만 해도 폭발할 것같이 몹시 위급한 상태.

이제 겨우 앞이 보이기 시작하네.
아이고.
엉금
엉금

이건 맥아더 장군의…?

그루야, *일촉즉발의 상황이야!
빨리 하트 공주를 찾아야 해!
다다다 다

전원, 전투 준비!
큰일 나겠는데?
미군은 일본이 맥아더를 납치한 줄 알아! 머뭇거리다간 전투가 벌어질 거야.

***허** 주의가 미치지 못하거나 틈이 생긴 구석.

인천 상륙 작전(1950년 9월 15일)

*보름 열닷새 동안.
*탈환 빼앗겼던 것을 도로 빼앗아 찾음.

*포기하다 하려던 일을 도중에 그만두어 버림.

***녹** 산화 작용으로 쇠붙이의 표면에 생기는 붉거나 검거나 푸른색의 물질.
***슬다** 쇠붙이에 녹이 생김.

짜증
맨날 우리 뒤를 바짝 쫓아오잖아.

하지만 바다 위에서라면 바로 못 쫓아올 거 아냐?
그래서 배가 필요하다는 거였군요!

헉! 하트 공주!
끼릭
끼릭
으으. 말 꺼내기 무섭게!
어?

공주님,
준비됐습니다!
첨
벙

후훗!
그럼 이만.
폴 짝

갈 땐
가더라도….
슥

카드는
두고 가세요!
휘
릭

*소란(77쪽) 시끄럽고 어수선함.

슈
우
욱

엥?
털
썩

이게
무슨 일이지?
어디에
계셨던 겁니까?

중요한 자리에서
이게 무슨 *소란인가?
모두 차렷!
착 착 착
벌
떡

무슨 일인지
몰라도 무사히
이 일을
끝내야 해.

잠깐 *착오가
있던 모양입니다.
우린 작은 일에 휘둘려선
안 됩니다.
오,
옳은 말이오.

이제
공식적으로
전쟁이 끝났다.

전쟁이 끝나도
군인의 역할은 있다.
어떤 상황이든 군인의
명예를 걸고 최선을
다할 것이다.

***착오** 착각을 하여 잘못함.

***구명정** 본선이 조난한 경우에 인명을 구조하기 위해 쓰는 작은 배.

*밧줄 삼 따위로 세 가닥을 지어
굵다랗게 꼰 줄.

파앗
너희 *도움 안 받아.
가로, 세로 따라와!
속

끄아야아

엥?

우리도 얼른 쫓자!
으아~!
이얍!

*도움 남을 돕는 일.

제2차 세계 대전 속 미국

제2차 세계 대전 당시 미국은 처음부터 전쟁에 직접 나서진 않았어요. 대신 영국을 비롯한 연합국에 전쟁 물자를 제공했지요. 하지만 1941년 12월, 일본이 하와이 진주만의 미군 기지를 공격했고, 이에 미국도 전쟁에 나섰어요. 미국은 미드웨이 해전에서 승리를 거두며 일본을 압박했어요. 한편 유럽에서는 전쟁을 일으킨 이탈리아와 독일이 연합국의 공격을 받아 항복했고, 마지막까지 저항하던 일본은 1945년 8월, 히로시마와 나가사키에 원자 폭탄을 맞은 후 항복했어요. 이로써 제2차 세계 대전은 끝이 났고 미국은 승전국이 되었어요.

히로시마, 나가사키 원폭 투하
1945년

태평양 전쟁 중 진주만 공습
1941년

퀴즈 제2차 세계 대전에 미국이 참전하게 된 계기는?
① 진주만 공습   ② 게티즈버그 전투

세계 중심에 선 화폐

미국은 제2차 세계 대전을 치르는 동안 경제적으로 어려움을 겪은 유럽과 달리 엄청난 발전을
해 강대국이 되었어요. 특히 미국 돈인 '달러'가 세계 곳곳에서 인정받는 화폐가 되었지요.
세계 곳곳의 금이 미국으로 모이고, 사람들은 달러를 가지고 있으면 언제든 금으로 교환할 수
있었어요. 1944년 미국의 뉴햄프셔주 브레턴우즈에서 열린 회의를 통해 달러를 세계 무역의
기준 화폐로 인정했어요. 이를 '브레턴우즈 체제'라고 불러요.

↑ 브레턴우즈 협정
연합국 44개국이 모여 국제 통화 금융 회의를 열고 달러를 세계 무역의
기준 화폐로 인정하고, 국제 통화 기금과 세계 은행의 설립을 결정했어요.

퀴즈 세계 무역의 기준이 되는 화폐는?
① 건원중보 ② 달러

노르망디 상륙 작전

태평양 전쟁으로 제2차 세계 대전에 참전한 미국은 유럽에도 군대를 보냈어요. 프랑스를 차지하고 있던 독일군을 몰아내기 위해 영국을 비롯한 연합군과 합동 작전을 펼쳤지요. 연합군은 프랑스 노르망디 해안을 통해 육지에 오르는 작전을 펼쳤어요. 아이젠하워 장군이 이끈 이 노르망디 상륙 작전은 성공을 거두어 독일군이 프랑스에서 물러났고, 제2차 세계 대전의 전세가 역전되었죠. 연합군은 소련과 함께 독일을 각각 서쪽과 동쪽에서 공격했고, 독일은 1945년 5월에 마침내 항복했어요.

퀴즈 제2차 세계 대전에서 미국 아이젠하워 장군이 프랑스에 상륙한 작전은?
① 인천 상륙 작전   ② 노르망디 상륙 작전

인천 자유 공원의 맥아더 장군

인천광역시 중구에는 1889년에 만들어진 우리나라 최초 서양식 공원인 '자유 공원'이 있어요. 원래 이름은 '만국 공원'이었는데 1957년에 '자유 공원'으로 바뀌었지요. 여기에 가면 망원경을 손에 든 군인의 동상을 볼 수 있어요. 동상의 주인공은 미국 군인인 맥아더예요. 맥아더 장군은 6.25 전쟁 때 유엔군 사령관이 되어 인천 상륙 작전을 성공시켰고, 덕분에 우리나라는 낙동강 유역까지 밀려 있던 전세를 뒤집고 서울을 되찾을 수 있었어요. 이를 기념하기 위해 공원 이름을 바꿀 때 맥아더 동상도 세웠어요.

↑ 인천 자유 공원 맥아더 동상

퀴즈 6.25 전쟁에서 활약한 유엔군 사령관으로 인천 상륙 작전을 지휘한 인물은?
① 맥아더   ② 아이젠하워

① 맥정

미국과 소련의 냉전

한국에서 전쟁이 일어났다는 보고를 받았네.
모두 모였는가?
네.
*영빈관에서 대기하고 있습니다.

그럼 나도 영빈관으로 이동하지.

북한의 남침으로 전쟁이 시작되었어요. 남한에 군대를 보내야 합니다.
맞아요. 그렇지 않으면 남한도 공산주의 국가가 될 수 있고, 그럼 일본도 위태로워집니다.
제3차 세계 대전으로 확대될 수도 있어요. 군대를 보내는 건 *신중해야 합니다!

에헴!

제 마음은 이미 정해졌습니다. 일단…!
뜨끔

윽!

하필 이럴 때 배탈이…!
꾸르륵

***한국 전쟁** 6.25 전쟁. 1950년 6월 25일 북한의 남침으로 시작해 1953년 7월 27일에 휴전함.
***한반도** 압록강과 두만강을 경계로 하며, 제주도 등 우리나라 국토 전역을 말함.

끄광

두리번
두리번
폭탄?
설마 워싱턴이
공격당한 건가?

윽!

웩!
엄청
구린 냄새!
생화학 무기인가?
어서
대통령부터
찾아!

*바람 뒷말의 근거나 원인을 나타내는 말.

파앗
어이쿠!
쿵
캑!

또
쫓아왔네.

혼나 봐라!
에잇!
화악
으악!

웩!
냄새
구려!
오호호호~
가자!

*가스 기체 물질을 통틀어 이르는 말.
*허브 약이나 향료로 써온 식물로 라벤더, 박하, 로즈메리 따위가 있음.

*시대 지금 있는 그 시기. 또는 문제가 되고 있는 그 시기.
*덜하다 어떤 기준보다 정도가 약함.

*항복하다 적이나 상대편의 힘에 눌리어 굴복함.

*통치하다 나라나 지역을 도맡아 다스림.

해리 S. 트루먼 (1884년~1972년)

트루먼은 미국의 제33대 대통령이에요. 제32대 대통령 루스벨트는 네 번째로 대통령에 당선된 후 얼마 지나지 않아 갑자기 사망했어요. 그래서 *부통령으로 있던 트루먼이 대통령 자리를 대신 맡게 되었어요. 대통령이 된 트루먼은 제2차 세계 대전을 끝내기 위해 일본에 원자 폭탄을 떨어뜨리는 것을 승인했어요. 또 제2차 세계 대전 후 동유럽에서 공산주의 국가가 하나둘씩 늘어나자 이를 막기 위해 소련과 공산주의 세력을 막겠다는 내용의 외교 정책인 트루먼 독트린을 발표했어요.

***부통령** 대통령을 보좌하며, 대통령 유사시에 그를 대신함. 대통령 다음 가는 직위.

***소동** 사람들이 놀라거나 흥분해 시끄럽게 법석거리고 떠들어 대는 일.

엥? 모두 어디 갔지?

모두 대피한 거 아닐까요?
날 놔두고?

설마 지정 생존자 때문인가?
그게 뭐예요?

쿠
앙
핵폭탄요?
언제 위험한 일이 생길지 모르잖니. 만약 워싱턴에서 핵폭탄이 터진다면?

지정 생존자는 위기 상황에서 대통령 자리를 누가 넘겨받을지 그 순서를 정해 둔 거야.
리더십 공백을 막기 위한 조치란다.

그럴 정도로 미국과 소련의 갈등이 심했어?

말도 마. 냉전은 미국과 소련의 핵무기 경쟁 시기이기도 했어.
흐흐. 우리도 원자 폭탄 만들었다.
흥, 우린 위력이 더 센 수소 폭탄도 있다!

냉전 시기에 만든 핵무기는 인류를 몇 번이나 멸망시킬 수 있는 양이었다고 해.

백악관에 있는 사람들에게 내가 무사하다는 걸 알려야겠어.

왜 신호가 안 가지?
뚜 뚜 뚜

싹 둑
전화선 잘랐어요, 공주님!

출입문도 다 막았어요!
탕
탕 탕

준비는 끝났다.

트루먼은 고등학교만 나오고도 대통령의 자리에 오를 만큼 강한 의지와 능력을 갖춘 사람이야.
오직 자신의 노력만으로 성공한 거라고.

나처럼!
빠
밤
…네?

공주님은 금수저잖아.
소근
어허, 공주님은 노력을 강조하신 거야!
소근
아, 맞다! 공주님은 나라를 만들려고 엄청 노력하시지!
후후. *학력 차별 없는 하트 왕국! 얼마나 멋있어 보이겠어?

내 나라에서는 노력만 하면 누구나 성공할 수 있어야 해!
정말 좋은 나라가 될 거예요.

***학력** 학교를 다닌 경력.

*뻔하다 어떤 일의 결과나 상태 따위가 환하게 들여다보이듯이 분명함.

***어이없다** 일이 너무 뜻밖이어서 기가 막히는 듯함.
***꾸미다** 어떤 일을 짜고 만듦.

*황폐하다 거칠고 피폐함.
*동맹국 서로 이익이나 목적을 위해 동일하게 행동하기로 약속을 한 나라.

***국무장관** 미국 국무부의 장관. 주로 외교 업무를 담당함.
***부흥** 쇠퇴했던 것이 다시 일어남. 또는 그렇게 되게 함.

한국에서 전쟁이
*일어난 것 때문에
걱정이 많은가 봐.
끄덕

저기가
후문이다!

어딜!
아무 데도
못 가!
척
척

이쪽으로
올 줄 알고
기다리고 있었지.
우히히

안 되겠군.
얘들아,
이쪽으로!
휙

***일어나다** 어떤 일이 생김.

앗! 도망치는 거야?
다다다

쫓아!
예, 공주님!

철
컥

이곳에 있으면 돼.
예? 어떻게 하시려고요?

전화가 없어도 경호원들에게 연락할 방법이 생각났거든.

***쇼팽** 폴란드의 작곡가이자 피아니스트. 섬세하고 화려한 피아노곡을 지었음.
***일석이조** 돌 하나를 던져 새 두 마리를 잡는다는 뜻. 동시에 두 가지 이득을 봄.

***교양** 학문, 지식, 사회생활을 바탕으로 이루어지는 품위.

***연주** 악기를 다루어 곡을 표현하거나 들려주는 일.

일단 후퇴!
후다닥

무사하십니까?
쫓아!

보다시피 피아노 연주 중일세.

그래도 이 애들 덕분에 심심하지는 않았지.

좀 전에 나간 아이들 말씀이신가요?
엥?

이건 소련 짓이 틀림없어요. 소련 대사를 불러 *엄중히 책임을 물을….
그만두게.

*엄중히 몹시 엄하게.

이 일은 소련과 아무 관련이 없어. 그 아이들은 우연히 이곳에서 내 연주를 들었을 뿐이라네.
네? 하지만 가스 폭탄이….

그건 내 방귀였어.

무슨 말인지 알겠지?
네, 알겠습니다.
지금은 이런 일보다 한국 전쟁에 대한 중요한 결정을 내려야 할 때일세.

***파병** 일정한 임무를 주어 군대를 보냄.
***만약** 혹시 있을지도 모르는 뜻밖의 경우.

냉전의 시작

트루먼 독트린이 발표된 1947년부터 냉전 시대가 시작되었어요. 자본주의 진영을 대표하는 미국과 공산주의 진영을 대표하는 소련은 여러 가지 분야에서 끊임없이 대립했어요. 두 진영은 서로의 체제를 인정하지 않고, 상대 진영을 이기기 위해 무기를 늘리거나 자신들의 체제가 더 훌륭하다고 선전하기에 바빴어요. 그래서 미국은 유럽에서 공산주의 국가가 늘어나지 않도록 경제적으로 지원하는 '마셜 플랜'을 내놓았어요. 이에 소련은 동유럽의 공산주의 국가를 지원하기 위해 '코메콘'을 만들었지요. 냉전은 1991년 소련이 해체될 때까지 계속되었어요.

↑ **트루먼 독트린**
1947년 미국의 대통령 트루먼이 선언한 외교 정책의 새로운 원칙으로 냉전 시대를 공식화했어요.

퀴즈 트루먼이 선언한 외교 정책으로 냉전을 공식화한 것은?
① 트루먼 쇼　② 트루먼 독트린

미국과 소련의 '우주 전쟁'

냉전 때 미국과 소련의 대립은 우주 경쟁으로 이어졌어요. 먼저 성공한 나라는 소련이었어요. 소련은 1957년 세계 최초의 인공위성인 스푸트니크를 쏘아 올리는 데 성공했어요. 미국도 인공위성을 쏘아 올릴 준비를 하고 있었는데 소련이 먼저 성공한 것이지요. 충격을 받은 미국은 1958년 '나사(NASA: 미국 항공 우주국)'를 세우고 우주 개발 계획에 힘을 쏟았어요. 그리고 마침내 1969년, 세 명의 우주인을 달에 보내는 데 성공했어요. 그중 닐 암스트롱은 직접 달에 상륙하기도 했어요. 이후 우주 탐험은 프랑스, 일본, 중국 등 여러 나라가 함께 경쟁하고 있어요.

미국과 소련의 군사 대립

냉전 시기 미국과 소련은 서로를 적으로 생각하고 군사력을 키웠어요. 소련이 미국을 견제하기 위해 쿠바에 미사일 기지를 만들려고 했는데, 이 때문에 전쟁이 일어날 뻔했어요. 제3차 세계 대전이 일어날 수도 있는 위험한 상황이었지만 소련이 쿠바에서 미사일 기지를 철거하면서 마무리되었지요. 두 나라 사이에 직접적인 충돌은 없었지만 아시아는 전쟁을 피하지 못했어요. 6.25 전쟁과 베트남 전쟁은 자본주의 진영과 공산주의 진영의 싸움이었어요. 베트남 전쟁은 공산주의 세력이 북베트남을, 자본주의 세력인 미국이 남베트남을 지원한 전쟁이었어요.

냉전 속 우리나라

1945년 우리나라는 일제의 식민 통치에서 벗어나 광복을 맞이했어요. 냉전을 연 미국과 소련은 일본군의 무장 해제를 내세우며 우리나라에 왔지요. 두 세력은 팽팽하게 맞붙었고, 결국 38도선을 경계로 우리나라를 나누어 놓았어요. 이후 1950년 6.25 전쟁을 겪으며 분단은 더욱 굳어지고 서로를 미워하게 되었어요. 학교에서는 공산주의에 반대하는 반공 교육을 시키기도 했어요. 1992년에 공산주의 국가인 중국과 수교를 맺은 이후에 중국에서도 우리나라에 쉽게 올 수 있게 되었어요.

인종 차별로 *얼룩진 시대

*얼룩지다 좋지 못한 요소가 섞여
말끔하지 않은 상태가 됨.

*전용 특정한 부류의 사람만이 씀.

*좌석 앉을 수 있게 마련된 자리.

*편들다 어떤 편을 돕거나 두둔함.
*평등하다 권리, 의무, 자격 등이 차별 없이 고르고 한결같음.

***의료** 의술로 병을 고침. 또는 그런 일.
***전반** 어떤 일이나 부문에 대해 그것에 관계되는 전체. 또는 통틀어서 모두.

***발언** 말을 꺼내어 의견을 나타냄.
***목적지** 목적으로 삼는 곳.

***지지하다** 어떤 사람이나 단체 따위의 주의, 정책, 의견 따위가 옳거나 좋다고 판단하여 그에 뜻을 같이하려고 힘을 씀.

마틴 루서 킹 (1929년~1968년)

그는 미국 동남부에 있는 조지아주에서 나고 자랐는데 이곳은 미국 내에서도 흑인 차별이 심하기로 유명한 곳이었어요. 자라서 목사가 된 마틴 루서 킹은 앨라배마주에서 한 여성이 버스에서 백인 승객에게 자리를 양보하지 않았다는 이유로 체포되는 사건을 계기로 흑인 인권 운동에 뛰어들었어요. 그 후 1963년 워싱턴에서 인종 차별에 반대하는 행진을 이끌었고, 미국 정부는 이들의 의견을 받아들여 흑인의 차별을 없애는 민권법을 통과시켰어요. 마틴 루서 킹은 그 공을 인정받아 *노벨 평화상을 받았어요.

*목사 개신교의 성직자의 하나.
*노벨 평화상 노벨상 가운데, 세계의 평화를 위해 공을 세운 사람에게 주는 상.

***공공장소** 사회의 여러 사람 또는 여러 단체에
공통으로 속하거나 이용되는 곳.

콰앙
아직 시행된 법은 아니잖아?

당장 나가!
큭!

밥도 못 먹게 하다니. 너무 하네.
뭐라고?
슥

백인 가게에서 흑인 편들어? 너도 나가!
뭐라고?

밥 먹을 때 건드리다니! 용서 못 해!
여보세요? 경찰서죠?
쩍
번
탁
진정해.

*접근하다 가까이 다가감.
*영예 영광스러운 명예.

*용서하다 지은 죄나 잘못에 대해 꾸짖거나 벌하지 않고 덮어 줌.
*부탁하다 어떤 일을 해 달라고 청하거나 맡김.

킹!
킹!
킹!
킹!
킹!
우리는 동등한 권리를 요구한다!
우리도 괜찮은 집에 살고 싶다!
동등한 권리를 보장하라!
차별 없는 일자리를 요구한다!
경찰의 만행을 멈춰라!
편견을 멈춰라!
동등한 권리를 달라!
동등한 권리를 달라!
편견을 멈춰라!
차별 없는 일자리를 요구한다!
투표권을 달라!
차별 없는 일자리를 달라!
경찰의 만행을 멈춰라!
우리는 동등한 권리를 요구한다!
는 권리를 한다!

***인파** 수많은 사람.
***편견** 공정하지 못하고 한쪽으로 치우친 생각.

*역사적 역사로서 기록될 만큼 중요한 것.
*응원하다 곁에서 성원함. 또는 호응하여 도와줌.

***언제** 때가 특별히 정해지지 않았음을 나타내는 말.
***서두르다** 일을 빨리 해치우려고 급하게 바삐 움직임.

***경호원** 다른 사람의 신변의 안전을 돌보는 일을 임무로 하는 사람.

***트럼펫** 금관 악기 중 하나로 음색이 높고 날카로움.
***당장** 일이 일어난 바로 그 자리.

***악단** 음악 연주를 목적으로 조직된 단체.
***선구자(137쪽)** 어떤 일이나 사상에서 다른 사람보다 앞선 사람.

지금 바로 데려가실 건가요?
아니. 연설 끝나고 긴장이 풀려 경호가 느슨해진 틈을 노려야지.

여러분! 킹 목사님을 향해 환영의 박수를 부탁드립니다!
드디어 시작이군.

킹 목사님!
흑인 인권의 *선구자!
편견을 멈춰라!
투표권 보장하
와
와
와아

***인격** 사람으로서의 품격.
***자부심** 자기 자신 또는 자기와 관련된 것에 대하여 스스로 당당히 여기는 마음.

그 자유가 미국 *전역에 울려 퍼지게 될 때, 우리는 모두 함께 이렇게 노래 부를 것입니다!
신이시여! 우리가 마침내 자유로워졌나이다!
와 킹!
와 킹!
와
와

정말 감동적인 연설이었어.
찌잉

*왈카닥하다 갑자기 격한 감정이나 생각이 한꺼번에 치밀거나 떠오름.

응?
스윽

트럼…펫?

까악!
뿌우

마법 카드 획득!
앗! 네가 어떻게 여기에?
척

***고용되다** 일한 데 대한 품값으로 주는 돈이나 물건을 받고 남의 일을 하게 됨.

* **꼬마** 어린 아이를 귀엽게 이르는 말.

*오해 그릇되게 해석하거나 뜻을 잘못 앎.

*계획 앞으로 할 일의 절차, 방법, 규모 따위를 미리 헤아려 작정함.
*도망 피하거나 쫓기어 달아남.

＊**공민권(147쪽)** 국민이 국정에 직접 또는 간접으로
참여하는 권리.

마틴 루서 킹은
*공민권 운동도 하고
노벨 평화상도 받은
사람이라 꼭 데려가고
싶었는데!
에잇!

거기 서!
으악!

파
앗

앗! 내 마법봉!
탁

으
아
아
악
아

흑인 차별로 얼룩진 미국

링컨 대통령이 노예 해방 선언을 한 후 일부에서는 흑인이 정치 지도자로 뽑히기도 했어요.
하지만 백인들이 교묘한 방법으로 흑인의 정치 참여를 막았기 때문에 오래가지 못했어요.
미시시피주는 투표권을 행사하려면 글을 알아야 한다는 핑계를 대며 어려운 문제를 내서
흑인에게 투표권을 주지 않았어요. 그러다 보니 남부의 일부 주는 투표를 할 수 있는 흑인의
수가 점점 줄어들었고, 흑인의 권리를 위해 싸우는 정치 지도자도 선출되지 않았지요.
노스캐롤라이나주에서는 흑인과 백인이 사용하는 시설을 따로 두고 사용할 정도였어요.

↑ 흑인 전용 음수대에서 물을 마시는 사람

차별을 없애기 위한 노력

1955년 앨라배마주에서 로자 파크스라는 흑인 여성이 버스를 타고 가던 중 경찰에 체포되는
사건이 일어났어요. 당시 앨라배마주는 흑인은 버스 뒷자리만 앉도록 하는 법이 있었어요.
파크스는 법에 따라 뒷자리에 앉아 있었죠. 그런데 백인 승객이 많아지자 버스 기사가 그녀에게
자리를 양보하라 했어요. 그녀는 거절했고, 기사는 파크스를 경찰에 신고해 버린 거예요.
이 소식을 들은 마틴 루서 킹은 앨라배마주로 가서 버스 타지 않기 운동을 펼쳤어요. 1년간
운동을 펼친 결과 미국 연방 대법원은 버스 안에서 차별을 없애라는 판결을 내렸어요.

남아프리카 공화국의 넬슨 만델라

흑인에 대한 차별은 세계 곳곳에서 일어났어요. 특히 남아프리카 공화국에서는 백인이 세운 정부가 인종을 분리하고 차별하는 정책을 펼쳤어요. 백인과 흑인이 사는 곳을 다르게 했을 뿐만 아니라 서로 결혼하지 못하게 했어요. 이런 인종 차별 정책을 '아파르트헤이트'라고 불러요. 넬슨 만델라는 이에 맞서 흑인 인권 운동을 했어요. 정부는 만델라를 반역죄로 체포하고 감옥에 가두었지만, 그는 계속해서 인권 운동을 펼쳤어요. 그 결과 남아프리카 공화국에서는 흑인을 차별하는 법이 사라지게 되었고, 만델라는 노벨 평화상을 받았어요.

살구색의 원래 이름

크레파스나 색연필에는 '살색'이라는 색깔이 있었어요. 그런데 2001년에 '살색'이라는 이름이
차별적 발언이라고 느낀 외국인 노동자들과 한 목사가 국가 인권 위원회에 문제를 제기했어요.
'살색'이라고 부른 색이 다른 색의 피부를 가진 사람에게는 차별이라고 생각한 거죠. 이 주장이
받아들여져 살색 대신 '연주황'으로 바꾸도록 했어요. 그런데 2004년, 초등학생 어린이들이
'연주황'이 한자어라 어렵다며 어린이에 대한 차별이라는 문제를 제기했어요. 이 의견이
받아들여져 옛날 '살색'이라 부르던 색이 지금은 '살구색'이 되었어요.

세계로 *뻗어 나간 미국 문화

*뻗다 기운이나 사상 따위가 나타나거나 퍼짐.

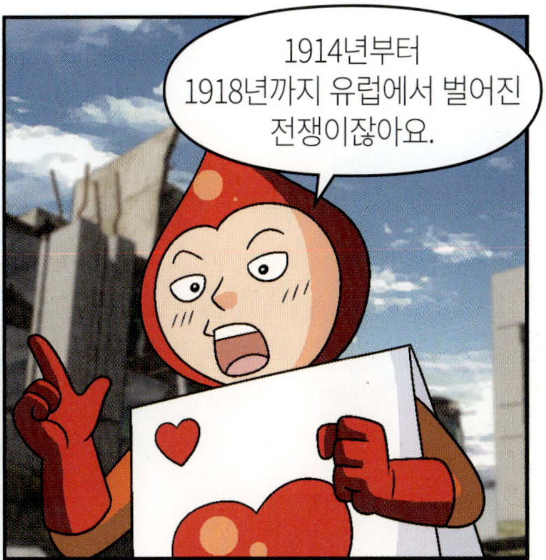

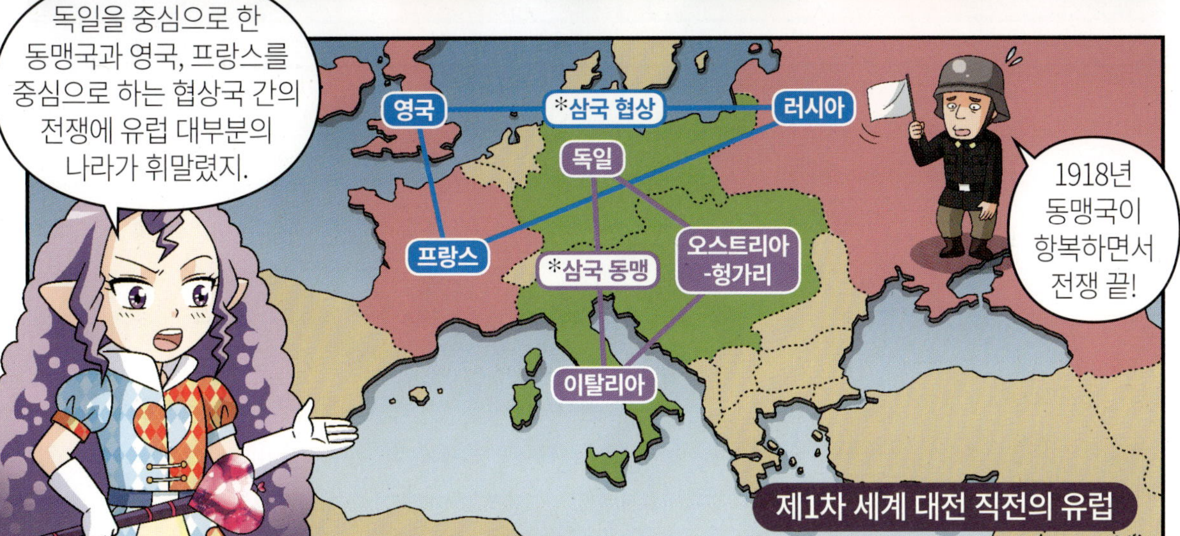

***삼국 협상** 1907년에 이루어진 프랑스, 영국, 러시아의 상호 협상.
***삼국 동맹** 1882년 독일, 오스트리아, 이탈리아가 프랑스에 대항하려고 체결한 비밀 군사 동맹.

*적십자 국제적 민간 조직. 전시에는 부상자의 간호·포로의 송환·난민과 어린이의 구호를, 평시에는 재해·질병의 구조와 예방을 목표로 함.

***선물** 남에게 어떤 물건 따위를 선사함. 또는 그 물건.

*솜씨 손을 놀려 무엇을 만들거나 어떤 일을 하는 재주.
*수완 일을 꾸미거나 치러 나가는 재간.

***아마추어** 예술이나 스포츠, 기술 따위를
취미로 삼아 즐겨 하는 사람.

월트 디즈니 (1901년~1966년)

미국의 대표적인 영화 제작자로 *아카데미상을 29번이나
탈 정도로 활약한 사람이에요. 그는 약 700여 편의 영화를
제작했는데, 그중에는 어린이들이 좋아하는 애니메이션이
아주 많아요. 대표작으로는 <증기선 윌리>, <엉터리
교향곡>, <백설공주와 일곱 난쟁이>, <피노키오>, <덤보>,
<판타지아> 등이 있어요. 미키 마우스, 도널드 덕 등의
캐릭터를 만들었고, 이 캐릭터들은 지금까지도 많은
사랑을 받고 있어요. 월트 디즈니는 디즈니랜드와 같은
테마파크도 만들었어요.

 ＊아카데미상 1927에 창설된 미국 영화 예술 과학 아카데미가 1928년부터 해마다 영화인에게
주는 상. 작품, 감독, 배우 등 여러 분야에서 우수한 작품이나 사람을 선정해 상을 줌.

하트 공주의 발자국이 뚜렷해! 근처에 있는 게 분명해!

제1차 세계 대전 때로 온 걸 보니까 군인이나 장군을 노리는 거 아닐까?
슥

찾았다!

슈
우
우
욱
에엑?
헉!

***납치** 강제 수단을 써서 억지로 데리고 감.
***초상화** 사람의 얼굴을 중심으로 그린 그림.

월트 디즈니가
그냥 병사는
아닐 텐데요.
뭐? 월트
디즈니라고?

그게 누군데?
난 모르는
사람이야!
시치미 떼지
마세요!

자화상에
이름까지 써
있잖아요.
빠
밤
월트
디즈니

쳇!
예리하기는!
중얼
중얼

다
다
다 다 다
달려!
헉!

*흥행 공연 상영 따위가 상업적으로 큰 수익을 거둠.
*좌우하다 어떤 일에 영향을 주어 지배함.

*영웅 보통 사람이 이룰 수 없는 바를 이루어 대중에게 사랑을 받는 사람.

***자료** 연구나 조사 따위의 바탕이 되는 재료.

발자국이
저기로 나 있어!

파
앗

와 아 아아
와아
헉!

***상업적** 상품을 사고파는 행위를 통해 이익을 얻는 것.
***난입(167쪽)** 허가 없이 함부로 뛰어듦.

설마
관중 *난입?
엥?
다다다
10
36

아직
시합 전이지만
경기를 방해하면
안 돼.

어서
저 애들을
내보내!
OK!
10

앗!
움찔
우워어
10
36

*무엄하다 삼가거나 어려워함이 없이 아주 무례함.

***연출** 규모가 큰 식이나 집회 따위를 총지휘하여 효과적으로 진행함.

***따돌리다** 뒤쫓는 사람이 따라잡지 못할 만큼 간격을 벌려 앞서 나감.
***댄서** 무용을 전문적으로 하거나 잘하는 사람.

*대중음악 현대 사회를 구성하는 대다수의 사람들을 대상으로 하는 음악.
*지대하다 더할 수 없이 큼.

*등장하다 어떤 사건이나 분야에서 새로운 제품이나 현상, 인물 등이 세상에 처음으로 나옴.
*허물어지다 사회적으로 이미 주어져 있는 규율, 관습 따위가 없어짐.

***좀비** 살아 있는 시체를 이르는 말.

***안색** 얼굴에 나타나는 표정이나 빛깔.

*체력 육체적 활동을 할 수 있는 몸의 힘.

***삭신** 몸의 근육과 뼈마디.
***끈질기다** 끈기 있게 검질김.

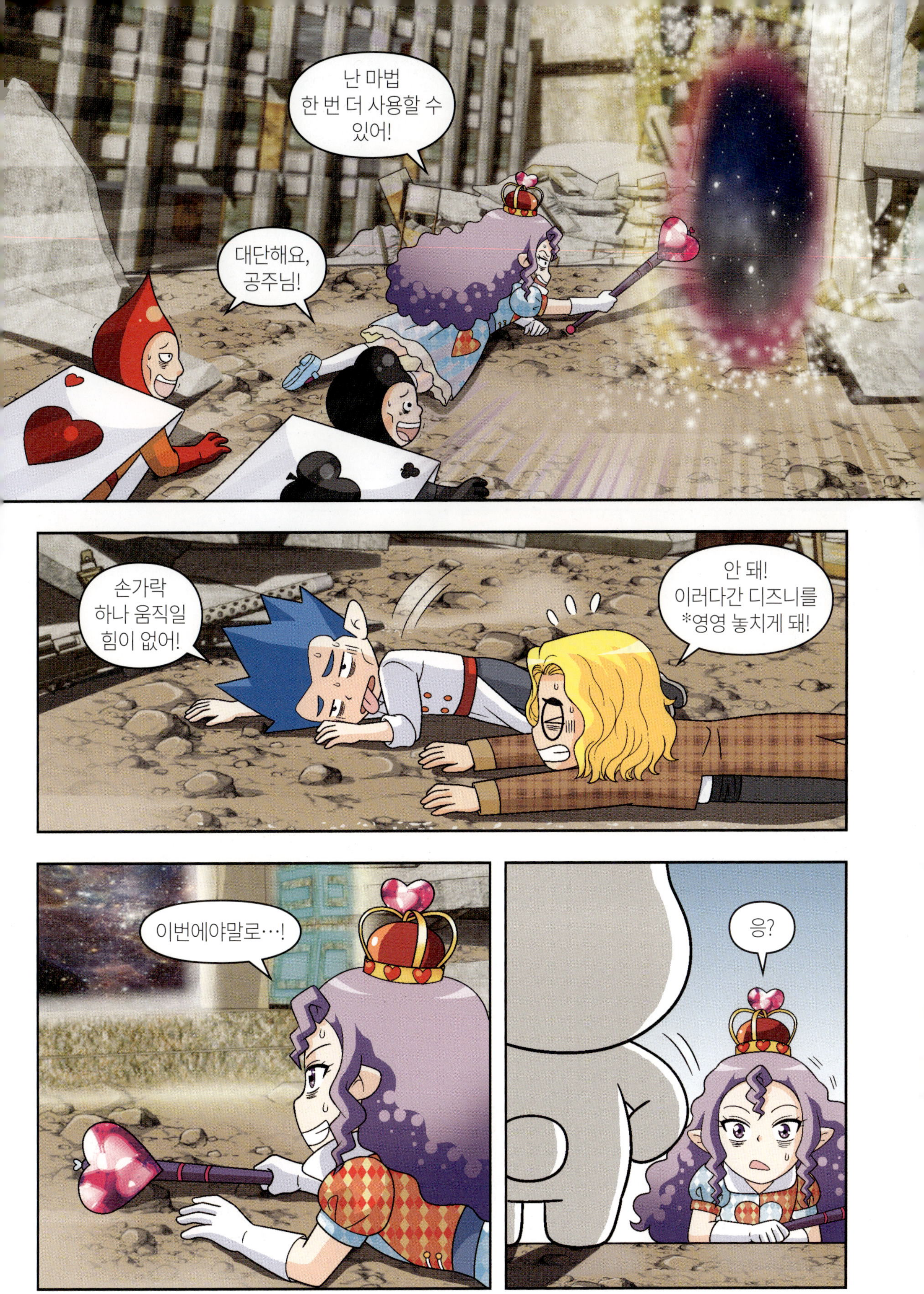

난 마법
한 번 더 사용할 수
있어!
대단해요,
공주님!
손가락
하나 움직일
힘이 없어!
안 돼!
이러다간 디즈니를
*영영 놓치게 돼!

이번에야말로…!

응?

***영영** 영원히 언제까지나.

***남아돌다** 아주 넉넉하여 나머지가 많이 있게 됨.
***회수** 도로 거두어들임.

*임무 맡은 일. 맡겨진 일.

정말 잘했어!
책도 모두
되찾았어!
미국을 만든
사람들
-상-
미국을 만든
사람들
-하-

와아
추욱
퀭

***얼음찜질** 비닐봉지 따위에 얼음을 넣고 천 등으로 싸서 몸에 그것을 대어 열을 내리게 하는 일.

할리우드 영화와 찰리 채플린

1920년대 미국에서는 대중문화가 발전했어요. 가장 대표적인 것이 영화예요. 미국의 영화 산업은 캘리포니아 남부에 있는 할리우드에서 발전했어요. 그래서 우리는 미국 영화를 흔히 할리우드 영화라고 불러요. 미국 대중문화가 이제 막 발전하던 시기에 활약한 대표적 배우로는 찰리 채플린이 있어요. 채플린은 콧수염을 기른 얼굴에 몸에 꽉 맞는 상의, 헐렁한 바지를 입은 모습으로 자주 등장했어요. 그는 1972년 아카데미 시상식에서 공로상을 받았어요.

퀴즈 캘리포니아 남부에 있는 미국 영화 산업이 발달한 곳은?
① 뉴욕　② 할리우드

자유분방한 음악, 재즈

비슷한 시기 영화 못지않게 사랑을 받은 것이 있어요. 바로 재즈예요. 재즈는 루이지애나주 뉴올리언스에서 발전한 음악이에요. 뉴올리언스는 미국 남부에 있는 도시인데, 재즈는 이곳의 흑인 음악과 여러 가지 음악이 서로 영향을 주고받으면서 발전했고, 널리 인기를 끌었어요. 당시 재즈를 연주하던 음악가들은 체계적인 음악 교육을 받은 사람들은 아니었어요. 그래서 악보를 보고 연주하는 것보다 즉흥적인 연주를 즐겼다고 해요. 대표적인 재즈 음악가로는 루이 암스트롱이 있어요.

전 세계인의 스포츠, 야구

미국인이 가장 사랑하는 스포츠 중 하나가 야구예요. 미국에서는 1869년에 프로 야구팀이 만들어졌을 정도로 오랜 시간 사랑을 받아왔지요. 미국의 프로 야구인 메이저 리그는 아메리칸 리그와 내셔널 리그로 나뉘어 있어요. 일본에는 센트럴 리그와 퍼시픽 리그가 있고, 타이완, 멕시코, 캐나다, 우리나라 등 많은 나라에 프로 야구 리그가 운영되고 있어요. 야구는 다른 나라에서도 사랑을 받는 스포츠가 되었답니다.

세계로 뻗어 나가는 K-컬처

1990년대 후반부터 우리나라 드라마가 중국에 소개되며 큰 인기를 얻기 시작했어요. 우리나라 콘텐츠의 영향력은 중국뿐만 아니라 일본, 필리핀 등 아시아 곳곳으로 뻗어 나갔지요. 이렇게 우리나라 문화의 대중적 인기를 '한류'라고 불렀어요. 이후 한류는 드라마와 영화, 음악에 그치지 않고 김치, 고추장, 라면과 같은 음식과 한국식 화장법이나 화장품, 전자 제품 등 그 분야도 다양해졌어요. 우리나라 문화 콘텐츠, 즉 K-컬처의 영향력은 어느새 세계 문화 흐름의 주류가 되었어요.

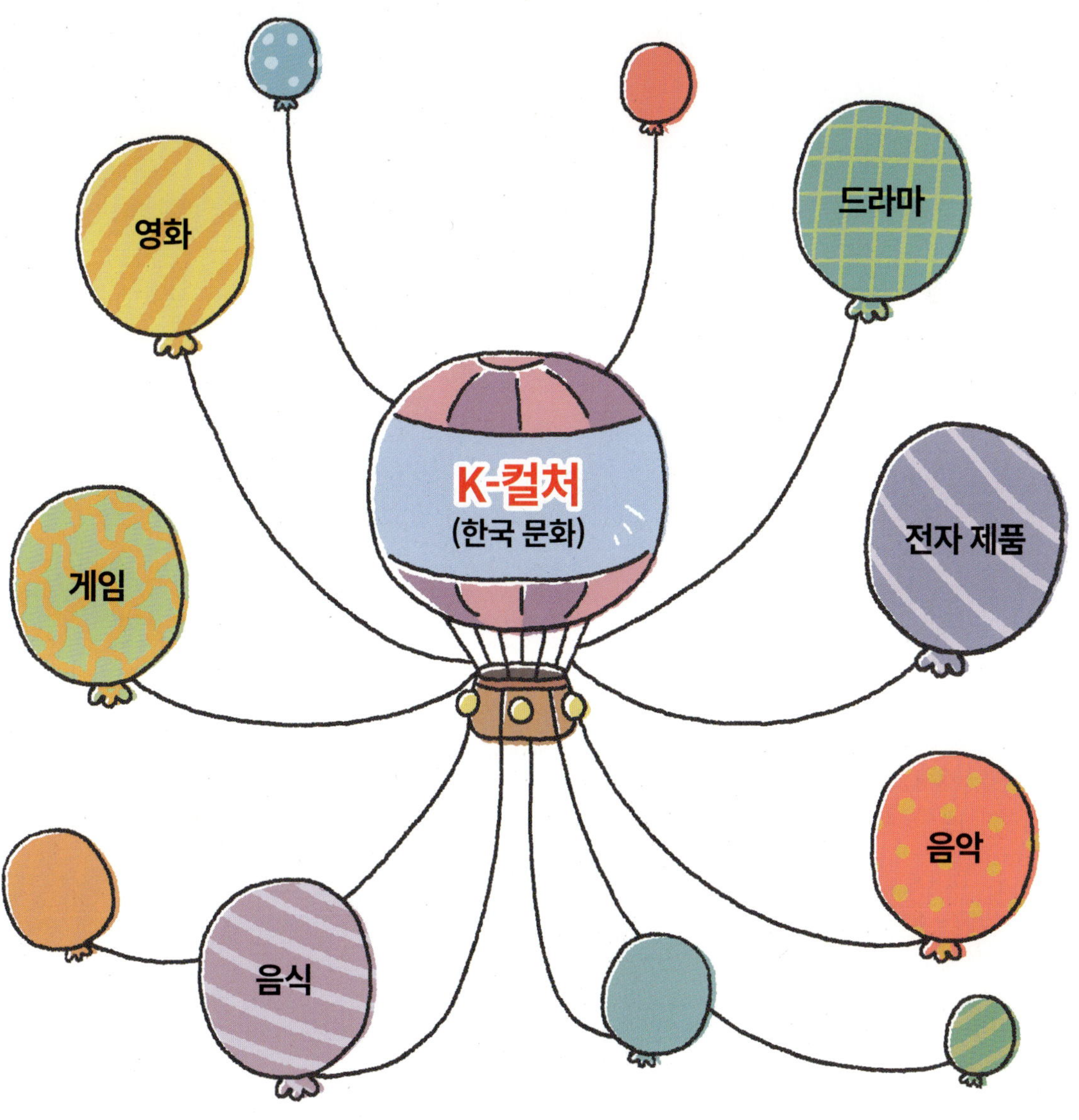

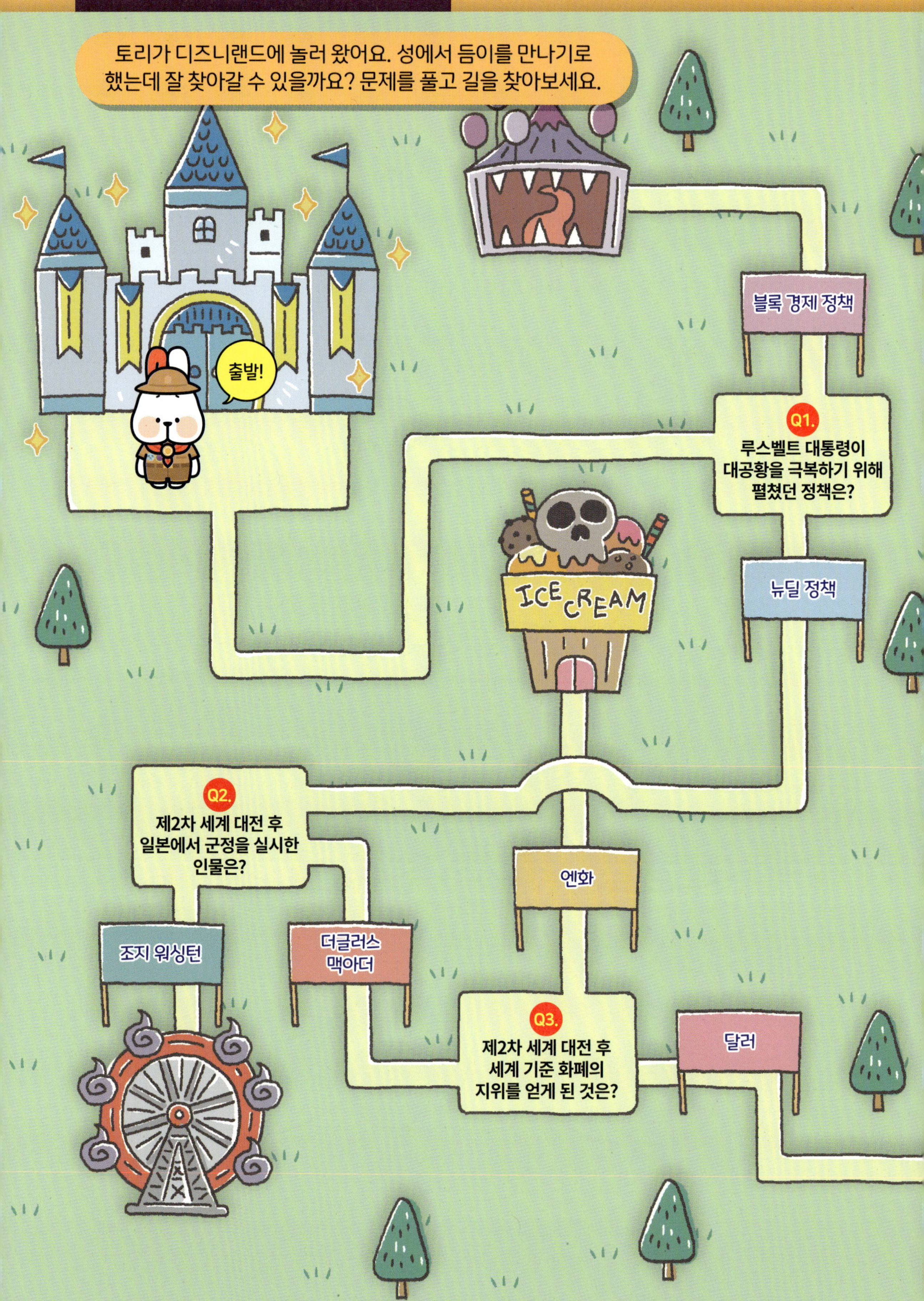
토리가 디즈니랜드에 놀러 왔어요. 성에서 듬이를 만나기로 했는데 잘 찾아갈 수 있을까요? 문제를 풀고 길을 찾아보세요.
출발!
블록 경제 정책
Q1.
루스벨트 대통령이 대공황을 극복하기 위해 펼쳤던 정책은?
뉴딜 정책
ICE CREAM
Q2.
제2차 세계 대전 후 일본에서 군정을 실시한 인물은?
엔화
조지 워싱턴
더글러스 맥아더
Q3.
제2차 세계 대전 후 세계 기준 화폐의 지위를 얻게 된 것은?
달러

마틴 루서 킹
Q5.
미국에서
흑인 인권 운동을
이끈 인물은?
넬슨 만델라
Q6.
미국의 영화 산업을
부르는 명칭은?
할리우드 영화
발리우드 영화
마셜 플랜
코메콘
도착!
Q4.
미국이 제2차 세계
대전 후 유럽 경제를
돕기 위해 발표한 것은?

문제를 풀어 글자 미로를 빠져 나오세요.

① 공산주의 세력의 확산을 막기 위해 트루먼 독트린을 발표했어요.

② 뉴딜 정책을 펼쳐 대공황을 극복했어요.

③ 미키 마우스나 도널드 덕 등의 캐릭터를 만들어 애니메이션 영화를 제작한 사람이에요.

④ 6.25 전쟁 때 인천 상륙 작전을 주도한 미국의 군인이에요.

OX 문제를 풀어 정답을 맞히면 사탕을 얻을 수 있어요.
토리는 몇 개의 사탕을 얻을 수 있을까요?

 **○** 미국은 뉴딜 정책으로 대공황을 극복할 수 있었어요. **✕** 

 **○** 세계에서 가장 먼저 인공위성을 발사한 나라는 미국이에요. **✕** 

 **○** 남북 전쟁 후 미국에서는 흑인 차별이 모두 없어졌어요. **✕** 

 **○** 재즈 음악은 영국에서 미국으로 전해졌어요. **✕** 

 **○** 미국인이 즐기던 야구는 전 세계인이 즐기는 스포츠가 되었어요. **✕** 

토리가 가진 사탕은 모두 (　　　　)개예요.

1 다음에서 설명하는 인물은 누구일까요?

미국에서 대통령을 네 번이나 한 인물입니다.
뉴딜 정책을 펼쳐 대공황을 극복했습니다.

① 링컨　　　② 워싱턴　　　③ 트루먼　　　④ 루스벨트

2 선생님의 질문에 알맞은 답을 한 친구는?

 ① **듬이**: 군사력을 키워 독일을 침략했어요.

 ② **버리**: 국왕 중심의 정치 체제를 만들었어요.

 ③ **도기**: 제2차 세계 대전을 일으켜 대공황을 극복했어요.

 ④ **토리**: 식민지와 본국을 연결하는 블록 경제를 추진했어요.

3 (　　)에 들어갈 말은 무엇일까요?

미국은 (　　　　　　　)을 계기로 제2차 세계 대전에 참전했어요.

① 진주만 공습　　　　　　② 미드웨이 해전
③ 노르망디 상륙 작전　　　④ 독일의 폴란드 침공

4 다음 카드 속 인물은 누구일까요?

① 링컨　　　② 맥아더　　　③ 채플린　　　④ 트루먼

5 ( )에 알맞은 말은?

제2차 세계 대전 후 미국을 중심으로 하는 자본주의 진영과 소련을 중심으로 하는 공산주의 진영의 대립을 ( ) 체제라고 불러요.

6 다음의 역사적 사건이 일어난 순서대로 써 보세요.

가	나	다
냉전 체제가 시작되었어요.	미국에서 대공황이 일어났어요.	제2차 세계 대전이 일어났어요.

◯ ➡ ◯ ➡ ◯

7 다음은 무엇에 대한 설명일까요?

미국의 화폐예요.
1944년 미국의 뉴햄프셔주 브레턴우즈에 모여 회의를 열고,
이것을 세계 무역의 기준 화폐로 정하는 브레턴우즈 협정을 맺었어요.

① 원　　　② 달러　　　③ 위안　　　④ 유로

8 친구에게 보내는 편지를 보고 (   )에 공통으로 들어갈 알맞은 말은?

① 뉴욕　　　② 할리우드　　　③ 뉴올리언스　　　④ 필라델피아

9 인물과 인물에 대한 설명으로 알맞은 것을 이어 보세요.

1

2

3

ㄱ 미국의 제33대 대통령으로 제2차 세계 대전 이후 냉전 체제를 이끌었어요.

ㄴ 뉴딜 정책을 실시해 대공황을 극복했어요.

ㄷ 인종 차별에 반대하며, 흑인 인권 운동에 앞장섰어요.

도전 세계사 놀이 퀴즈·말판 놀이

토리가 디즈니랜드에 놀러 왔어요. 성에서 등이를 만나기로 했는데 잘 찾아갈 수 있을까요? 문제를 풀고 길을 찾아 보세요.

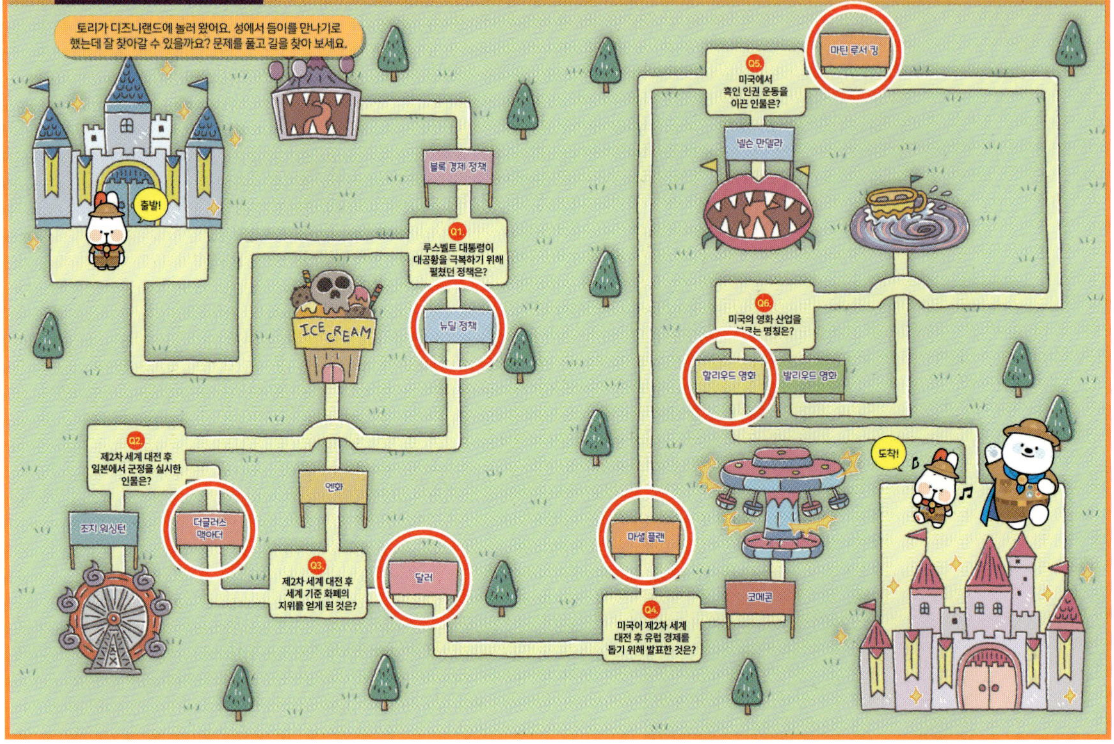

출발!

블록 경제 정책

Q1. 루스벨트 대통령이 대공황을 극복하기 위해 펼쳤던 정책은?
뉴딜 정책

Q2. 제2차 세계 대전 후 일본에서 군정을 실시한 인물은?
조지 워싱턴 / 더글러스 맥아더

Q3. 제2차 세계 대전 후 세계 기준 화폐의 지위를 얻게 된 것은?
달러 / 엔화

Q4. 미국이 제2차 세계 대전 후 유럽 경제를 돕기 위해 발표한 것은?
마셜 플랜 / 코메콘

Q5. 미국에서 흑인 인권 운동을 이끈 인물은?
마틴 루서 킹 / 넬슨 만델라

Q6. 미국의 영화 산업을 부르는 명칭은?
할리우드 영화 / 발리우드 영화

도착!

도전 세계사 놀이 퀴즈·길 찾기

문제를 풀어 글자 미로를 빠져 나오세요.

start

해 리 S. 트 루 먼
에 손 D. 린 클 랭 프 쿠 키
다 루 이 컨 엠
제 소 프 시 가 진
벨 트 월 트 어 맥 아
호 니 디 롱
알 더 즈 더
글 러 스 맥 아

goal

① 공산주의 세력의 확산을 막기 위해 트루먼 독트린을 발표했어요.
② 뉴딜 정책을 펼쳐 대공황을 극복했어요.
③ 미키 마우스나 도널드 덕 등의 캐릭터를 만들어 애니메이션 영화를 제작한 사람이에요.
④ 6.25 전쟁 때 인천 상륙 작전을 주도한 미국의 군인이에요.

도전 세계사 놀이 퀴즈·OX 퀴즈 풀기

OX 문제를 풀어 정답을 맞히면 사탕을 얻을 수 있어요. 토리는 몇 개의 사탕을 얻을 수 있을까요?

- 미국은 뉴딜 정책으로 대공황을 극복할 수 있었어요. (O)
- 세계에서 가장 먼저 인공위성을 발사한 나라는 미국이에요. (X)
- 남북 전쟁 후 미국에서 흑인 차별이 모두 없어졌어요. (X)
- 재즈 음악은 영국에서 미국으로 전해졌어요. (X)
- 미국인이 즐기던 야구는 전 세계인이 즐기는 스포츠가 되었어요. (O)

토리가 가진 사탕은 모두 (10)개예요.

196

1 답 ④

뉴딜 정책을 펼쳐 대공황을 극복한 인물은 루스벨트이다.

2 답 ④

영국과 프랑스는 블록 경제를 통해 대공황을 극복하려 했다.

3 답 ①

미국은 일본이 하와이 진주만을 기습 공격하자 일본에 선전 포고를 하면서
제2차 세계 대전에 참전했다.

4 답 ②

제1차, 제2차 세계 대전에서 활약한 맥아더는 1945년,
일본이 항복한 뒤 약 1년간 일본에서 군정을 실시했다.

5 답 냉전

6 답 나 → 다 → 가

7 답 ②

제2차 세계 대전 이후 경제적으로 크게 발전한 미국의 화폐인 '달러'는
세계 무역의 기준 화폐가 되었다.

8 답 ③

재즈가 처음 시작된 곳은 미국 남부의 뉴올리언스이다.

9 답 ① - ㄴ, ② - ㄷ, ③ - ㄱ

미국의 제32대 대통령인 루스벨트는 뉴딜 정책을 실시했다.
흑인 인권 운동에 앞장선 마틴 루서 킹은 노벨 평화상을 받았다.
냉전을 선언한 트루먼은 미국의 제33대 대통령이다.

미국

기원후

1607년 영국, 버지니아주에 제임스타운 건설

1620년 메이플라워호, 플리머스에 도착

메이플라워호

1732년 영국, 미국에 13개 식민지 확정

1773년 보스턴 차 사건

1775년 독립 전쟁 시작

1776년 미국 13개 주 독립 선언

1783년 파리 조약, 미국 독립 승인

1789년 워싱턴, 초대 대통령 취임

1848년 골드러시 시작

1861년 링컨, 대통령 취임

남북 전쟁 발발

보스턴 차 사건

1863년 게티즈버그 전투

1867년 알래스카 매수

1914년 제1차 세계 대전

1929년 뉴욕 주가 폭락, 대공황 시작

1933년 루스벨트, 뉴딜 정책

1941년 일본, 하와이 진주만 공격

1945년 미국, 일본에 원폭 투하

1947년 트루먼 독트린, 마셜 플랜 발표

게티즈버그 전투

세계사	한국사
기원전	**기원전**
750년경 그리스, 폴리스 성립	57년 신라 건국
330년 로마, 콘스탄티노폴리스로 수도 이전	37년 고구려 건국
기원후	18년 백제 건국
395년 로마 제국, 동서로 분열	**기원후**
476년 서로마 제국 멸망	660년 백제 멸망
589년 수, 중국 통일	668년 고구려 멸망
610년 무함마드, 이슬람교 창시	676년 신라, 삼국 통일
618년 당 건국	698년 발해 건국
622년 헤지라(이슬람 기원 원년)	918년 왕건, 고려 건국
960년 송 건국	936년 고려, 후삼국 통일
962년 신성 로마 제국 성립	1392년 고려 멸망, 조선 건국
1271년 원 제국 성립	1446년 훈민정음 반포
1337년~1453년 영국과 프랑스, 백년 전쟁	1863년 고종 즉위, 흥선 대원군 집권
1368년 명 건국	1894년 동학 농민 운동
1789년 프랑스 혁명	1895년 을미사변
1840년 청, 아편전쟁	1896년 아관 파천
1894년 청일 전쟁	1897년 대한 제국 수립
1904년 러일 전쟁	1910년 한일 병합 조약
1914년 사라예보 사건, 제1차 세계 대전 발발	1919년 대한민국 임시정부 수립
1917년 러시아 혁명	1945년 8.15 광복